AF242975

LA FRANCE

ET

LE MONDE DE DEMAIN

CONFÉRENCE FAITE A LA SOCIÉTÉ NORMANDE DE GÉOGRAPHIE

Par M. Victor BÉRARD

Professeur à l'École Supérieure de la Marine

ROUEN

IMPRIMERIE E. CAGNIARD (Léon GY, successeur)

Rues Jeanne-Darc, 88, et des Basnage, 5

1912

LA FRANCE

ET

LE MONDE DE DEMAIN

CONFÉRENCE FAITE A LA SOCIÉTÉ NORMANDE DE GÉOGRAPHIE

Par M. Victor BÉRARD

Professeur à l'École Supérieure de la Marine

ROUEN

IMPRIMERIE E. CAGNIARD (Léon GY, successeur)

Rues Jeanne-Darc, 88, et des Basnage, 5

—

1912

Extrait du Bulletin de la Société normande de Géographie

(4ᵉ Cahier de 1911 — pp. 319-339)

RÉOUVERTURE DES CONFÉRENCES

LA FRANCE ET LE MONDE DE DEMAIN

Conférence de M. Victor BÉRARD

Professeur à l'Ecole Supérieure de la Marine

ALLOCUTION DU PRÉSIDENT

Mesdames, Messieurs,

En ouvrant cette séance, si j'ai le regret de vous annoncer que notre second vice-président, M. Foucault, obligé de s'absenter très fréquemment de Rouen, a cru devoir résigner ses fonctions, nous faisant ainsi regretter les trop courts instants que nous avons eu le plaisir de passer en sa compagnie, je suis heureux de pouvoir vous dire que l'Assemblée générale a appelé pour le remplacer un homme à juste titre hautement estimé à Rouen : M. le docteur Albert Martin, l'éminent chirurgien, qui, malgré ses très nombreuses occupations, a bien voulu consacrer à la Géographie, pour laquelle il a toujours eu une prédilection marquée, quelques-uns de ses trop rares loisirs.

J'ai le plaisir de lui souhaiter, parmi nous, une cordiale bienvenue.

Mesdames, Messieurs,

Voici donc revenu ce mois de novembre qui, chaque année, voit s'ouvrir la reprise de nos travaux en commun.

La tête reposée d'une année de labeur et les poumons saturés d'air pur et vivifiant, rentrant tous de la campagne, de la mer, de la montagne ou de lointains voyages, vous avez rapporté, avec une provision de force et de santé, de charmantes et durables impressions, qui, j'en suis convaincu, permettraient à chacun de vous de nous faire entendre une délicieuse et instructive conférence.

Et cependant, ce soir, comme les autres années, et plus nombreux que jamais, vous venez vous presser dans cette salle comme auditeurs, parce que, vous fiant à notre long passé, vous faites crédit à votre Bureau, convaincus qu'il aura réservé pour le nouvel exercice une série de causeries inédites traitées par des maîtres de la parole.

Je vous remercie de cette marque de confiance et puis du moins vous assurer qu'aujourd'hui votre attente ne sera pas déçue.

Mais c'est une voix plus qualifiée que la mienne qui vous présentera M. Victor Bérard, l'éminent professeur à l'Ecole supérieure de la Marine et à l'Ecole des Hautes Etudes, l'inlassable collaborateur à la *Revue de Paris*.

Je ne dois pas, en effet, vous laisser ignorer que si nous avons, ce soir, l'honneur de le voir prendre place à cette table c'est grâce à l'influence personnelle de M. le général Valabrègue.

Quand le bureau de la Société normande de Géographie alla, il y a quelques mois, présenter ses hommages à l'officier de haute valeur appelé au commandement du 3e Corps d'armée, M. le général Valabrègue voulut bien, comme ses prédécesseurs, accepter la présidence d'honneur que nous lui offrions, et tint à nous témoigner sa sympathie en nous indiquant, pour l'ouverture de ce nouvel exercice, un conférencier de premier ordre, en nous donnant l'assurance qu'il présiderait lui-même cette séance de réouverture.

MON GÉNÉRAL,

Votre réputation de travailleur infatigable vous avait précédée à Rouen. Nous n'ignorions point que notre nouveau Commandant de Corps d'armée avait été l'artisan de la loi de deux ans et du perfectionnement de l'instruction des cadres.

Nous savions que vous aviez établi des budgets de la Guerre, et que dans ces délicates fonctions, vous vous étiez rencontré avec le rapporteur,

un autre homme éminent, mon vénéré président à la Chambre de commerce,
M. le sénateur Richard Waddington.

Nous savions aussi que vous aviez assumé une haute responsabilité en
commandant l'Ecole supérieure de Guerre, vous donnant tout entier à la
préparation des plus graves éventualités que, grâce à son armée incompa-
rable, la France vient d'envisager avec un magnifique sang-froid.

Depuis que vous êtes parmi nous, votre opiniâtreté au travail ne s'est
point ralentie un instant. Ne ménageant ni votre temps, ni vos peines, nous
avons constaté que depuis votre arrivée à Rouen, il vous était matérielle-
ment impossible d'accepter, et que vous vous faisiez une loi de décliner
toutes les invitations qui vous étaient adressées.

Pourtant, malgré le surmenage d'une tournée d'inspection des plus
chargées, vous avez bien voulu suspendre pendant une soirée votre labeur
incessant et faire une exception à votre règle en faveur de la seule Société
normande de Géographie.

Vous ne pouviez, mon Général, lui donner une plus haute marque de
sympathie ; je ne puis que bien imparfaitemnt exprimer la gratitude dont
nous vous sommes redevables.

Mon Général,

J'ai l'honneur de vous prier de bien vouloir prendre la parole.

ALLOCUTION DE M. LE GÉNÉRAL VALABRÈGUE
PRÉSIDENT D'HONNEUR

Mesdames, Messieurs,

Le Bureau de la Société normande de Géograpie et son très distingué
président m'ont demandé, en ma qualité de président d'honneur de cette
Société, de présider aujourd'hui la conférence faite par M. Victor Bérard.

Je les remercie de l'honneur qu'ils ont fait ainsi au Général commandant le 3e Corps d'armée, et, en sa personne, au corps d'officiers et aux
troupes placées sous son commandement.

J'ai accepté de grand cœur en raison de l'intérêt que je porte à toutes
les questions qui retiennent votre attention.

Vous saviez quelle est mon admiration pour le talent de M. Victor

Bérard ; vous avez pensé qu'il me serait agréable de lui souhaiter la bienvenue à Rouen, en votre nom. Je suis tout particulièrement sensible à cette
attention.

M. Victor Bérard, directeur à l'Ecole des Hautes Etudes, professeur
à l'Ecole Supérieure de la Marine, collaborateur éminent à la *Revue de
Paris*, a des titres connus de tous.

Ces titres disent assez quelle place importante M. Victor Bérard occupe
dans notre enseignement supérieur, les services qu'il y a rendus.

M. Victor Bérard a été plusieurs années à l'école française d'Athènes ;
il a voyagé en Grèce, en Albanie, en Macédoine, en Asie Mineure ; il a
fait des fouilles intéressantes en Macédoine. Rentré en France il mène de
front des études sur le monde hellénique et sur les questions contempo-
raines.

Il a étudié les relations entre la civilisation hellénique et les peuples
orientaux.

Il a traité magistralement toutes les questions visant les régions méditerranéennes au triple point de vue de l'histoire, de la géographie, de la
diplomatie.

Homme de pensée, érudit, savant, M. Bérard est aussi un homme
d'action dans toute la force du terme. Il défriche le terrain où il a le senti-
ment que le génie de la France pourra reculer les limites de son domaine.

Il nous a montré la Méditerranée sous son aspect phénicien, quand,
chaque anfractuosité de la côte, cachait des bateaux tirés sur la plage, où
dormaient les matelots hantés par la crainte perpétuelle des attaques sou-
daines.

Il nous l'a montrée encore cette mer tendant à devenir européenne de
race et de culture après des siècles de morcellement et de barbarie ; il travaille à hâter l'achèvement de cette unité.

Parce qu'il sait, que la colonisation grecque, borda, les rivages méditerranéens de cités étincelantes et peuplées, libres et solidaires ; parce qu'il
sait que la paix romaine procura aux peuples méditerranéens des siècles de
prospérité et de splendeur, il s'est fait l'apôtre de tout ce qui peut faire pré-
valoir dans la Méditerranée la puissance française, son génie et sa civilisation.

Il va vous parler aujourd'hui de l'Amérique où s'ouvre lentement,
mais sûrement cette fois, la grande porte sur le Pacifique dont un Français
avait eu la pensée de doter le monde.

Je m'en voudrais de ne pas citer ici, pour souligner toute l'étendue de ses études, notamment sur la politique étrangère, les principales œuvres qu'il a publiées; elles sont écrites dans un style puissant, nerveux, attachant, tout particulièrement brillant :

La Turquie et l'hellénisme contemporain — La Politique du Sultan — La Macédoine — Les Affaires de Crète — L'Angleterre et l'Impérialisme — Les Phéniciens et l'Odyssée — Questions extérieures — Pro Macedonia — La révolte de l'Asie — L'Empire russe et le Tsarisme — L'Affaire Marocaine — La France et Guillaume II — Les révolutions de la Perse.

M. Victor Bérard est de ceux qui aiment les grands horizons et qui appellent sans relâche l'attention de la partie laborieuse de la nation sur les bienfaits du développement raisonné de nos relations extérieures. Il fait vibrer à un degré élevé tous nos sentiments patriotiques.

Cette façon de servir la France en lui donnant confiance dans son avenir, en la poussant à l'esprit d'entreprise, en orientant toutes les forces vives du pays vers un but commun, précis et fructueux, fait de M. Victor Bérard un de nos grands semeurs d'idées bien françaises, dignes des plus riches moissons.

Je remercie M. V. Bérard d'avoir répondu à notre appel, d'avoir bien voulu venir à nous malgré ses occupations écrasantes.

Mon cher conférencier, je vous cède la parole.

CONFÉRENCE

Monsieur le Président,

Mesdames, Messieurs,

Pour remercier la Société normande de Géographie du grand honneur qu'elle m'a fait en me donnant la parole devant vous, je ne puis que m'efforcer de n'être pas trop indigne d'un pareil auditoire. Mais pour remercier M. le Général Valabrègue des paroles qu'il vient de prononcer, il me faudrait pouvoir vous dire longuement quelles marques de particulière bienveillance il m'a toujours données du premier jour où ma bonne chance m'a mis sur son chemin. Qu'il sache du moins combien j'en suis touché et reconnaissant, mais qu'il sache aussi combien il augmente mon embarras.

Quand le bureau de votre Société m'a chargé de vous entretenir de ce grand sujet : *La France et le monde de demain*, j'ai tout de suite pensé au vieux proverbe grec : « On ne porte pas des chouettes à Athènes », et, sachant la place que vous prenez chaque jour plus large dans les relations de notre France avec l'Europe et le reste de l'Univers, je me suis bien promis de ne pas vous faire une conférence ce soir, mais de venir simplement, en toute confiance, comparer nos impressions d'homme d'étude avec votre expérience de gens d'affaires et chercher avec vous si nous étions d'accord sur les moyens d'atteindre le but que, tous, nous visons : la grandeur de la France par le service de l'humanité.

*
* *

En cet automne de 1911, il me semble que de grands devoirs vont bientôt s'imposer à nous. Je vois que déjà se sont réalisés des prévisions que l'on aurait pu croire d'échéance plus lointaine. On avait bien prévu que, sur notre route marocaine, nous rencontrerions de nouveau les réclamants de 1905 et tous ceux qui, dans ce pays, estiment que la paix est un bien, mais qu'il est des biens plus nécessaires à l'existence d'une nation, tous ceux qui n'avaient pas oublié les tristesses de 1905, se demandaient avec angoisse si notre dignité nationale aurait à repasser par les mêmes épreuves. Cet été de 1911 a été l'exacte contre-partie, l'heureuse contre-partie de 1905 : pourquoi, Messieurs ?

Assurément, c'est parce que six années de réflexions avaient convaincu tout notre peuple que la guerre, dernière raison des rois, est quelquefois aussi le dernier recours des nations qui veulent vivre et disposer d'elles-mêmes. Assurément c'est parce que six années de regrets, — tranchons le mot : de repentirs et presque de remords, — avaient convaincu nos hommes d'Etat les plus accommodants que le service à rendre parfois à la partie adverse, le moyen de lui éviter et de nous épargner à nous-mêmes le retour des malentendus inutiles est de savoir résister aux demandes inacceptables. Mais, soyez-en certains, c'est avant tout parce qu'en septembre 1911, au tournant critique de ces négociations d'Agadir, vous avez pu montrer à l'Europe une armée et une flotte capables de soutenir vos droits. M. le professeur Schiemann, l'un des conseillers de la diplomatie berlinoise, écrivait au début de septembre 1911 : « La France met à profit nos leçons : quand M. le Président de la République va passer à Toulon la revue de la flotte, nous comprenons ce que signifie cette mobilisation courtoise ».

La France, elle aussi, la France tout entière a compris ce que signifiait cette revue de Toulon pendant les manœuvres de Villersexel ; elle a vu le profit immédiat qu'en tiraient nos diplomates pour la défense de nos intérêts, pour la sauvegarde de la paix générale et pour le service de l'humanité. Aussi, avec plus d'émotion et plus de reconnaissance encore que par le passé, la nation tout entière s'est tournée vers ses marins quand, aux jours de grand pavois, ont brusquement succédé les heures de deuil et de désastre, et ces désastres mêmes n'ont fait qu'aviver en elle la volonté de témoigner désormais à sa flotte autant de sollicitude active qu'à son armée de l'Est. Ah ! Messieurs, si tous les Français qui se sont inclinés devant les cercueils de la *Liberté* voulaient vivre désormais comme ils ont vécu en cet été de 1911, quelle besogne on pourrait faire en ce pays que les observateurs superficiels voulaient croire résigné à tout, pour jamais.

Or cette besogne, il faut que nous la fassions, il faut que les années 1911-1915 soient une date décisive dans l'histoire de nos destinées, si nous voulons affronter les devoirs que le proche avenir nous réserve.

Vous sentez bien, n'est-ce pas, qu'après la crise bosniaque d'hier, la crise tripolitaine d'aujourd'hui, la crise égyptienne, albanaise, macédonienne, que sais-je, arabe ou syrienne de demain, le jour du dernier jugement balkanique pourrait soudain se présenter devant vous. Si demain éclataient sous les murs d'Avlona, de Salonique et de Stamboul les fanfares vous annonçant la curée, si vous perdiez dans la Méditerranée levantine ce correspondant, cet associé, cet ami que, depuis quatre siècles, fut pour vous l'empire ottoman, croyez-vous que rien ne serait changé dans vos sécurités ni dans vos risques ? Quand disparut du Continent l'héroïque Pologne, le résultat pour vous fut un siècle de guerres continentales et d'invasions, puis quarante ans de cette paix armée qui vous tient à la gorge. Le jour où disparaîtrait l'héroïque Turquie, soyez sûrs qu'il vous faudrait le courage et la force d'endosser en votre domaine méditerranéen la même armure pacifique qu'à votre trouée des Vosges, — sinon les deux Frances qui se font aujourd'hui vis-à-vis sur les rivages de Toulon et de Bizerte pourraient sentir les menaces, les douleurs peut-être de la séparation.

Ces risques sont dès aujourd'hui si évidents, si instants, ils apparaissent si nets et si redoutables à ceux-là même qui, des années durant, voulurent ne pas les apercevoir, que j'éprouverais quelque embarras à vous en entretenir plus longuement. D'ores et déjà la parole est à d'autres qu'aux conférenciers. D'ores et déjà, sommes-nous ou ne sommes-nous pas équipés pour traverser sans dommage cette tourmente levantine ? Si dès ce soir nous n'étions pas prêts, entièrement prêts, je crois bien que les plus énergiques résolutions ne serviraient plus de rien... Je crois que vous m'en voudriez de cette supposition gratuite, aux côtés de celui qui a bien voulu présider notre réunion de ce soir.

Mais ce n'est pas dans la Méditerranée seulement que votre situation pourrait être brusquement changée. Dans le monde entier, sans parler de la Chine, des révolutions économiques et politiques se préparent dont les contrecoups, modifiant toute la vie mondiale, modifieront aussi vos moyens d'existence et vos chances de vivre, vos devoirs envers vous-mêmes et envers l'humanité. Sur ces événements encore lointains, mais déjà discernables, votre prévoyance peut encore et doit déjà s'exercer. L'attention de tout notre peuple, de nos villes atlantiques comme de nos villes méditerranéennes, de nos provinces agricoles comme de nos provinces industrielles devrait être tournée vers le plus grand de ces changements, vers celui qui sûrement fera basculer l'équilibre du monde actuel et en comparaison duquel nos préoccupations bosniaques, tripolitaines ou albanaises, même l'effondrement de la Turquie ou de la Chine sembleront à nos fils d'une importance secondaire.

« Je vais vous dire un petit secret, disait en confidence M. Taft à ses électeurs, durant sa dernière tournée de l'Ouest. Je vais vous dire un petit secret : le canal de Panama sera ouvert en 1914 ».

En France, Panama est un mot qui sonne mal. Panama n'éveille chez nous que le souvenir de la plus regrettable affaire, où se soient jamais fourvoyés notre épargne et certains de nos hommes d'Etat. Aussi ne sommes-nous pas justes envers Panama. Hypnotisés par ce passé douloureux, nous ne voyons pas les services matériels et moraux, nationaux et privés, que Panama va nous rendre, si nous voulons, si nous savons nous en donner la peine. Pourtant on ne saurait exagérer, les bienfaits qui sortiront en un jour prochain de ce qui fut jusqu'ici — il faut toujours réserver l'avenir — notre plus mauvais placement.

C'est entendu : le placement fut mauvais et il semble toujours l'être resté. Le percement de Panama fut, en grande partie, en majeure partie, le résultat de nos conceptions et de nos plans, de nos efforts et de nos mises de fonds : *Labora aselle et tibi proderit.* « Travaille, mon petit âne, et cela te servira », chantonnaient les ironiques gamins de Rome sur les murs des pressoirs à huile. A Panama, nous avons beaucoup travaillé, beaucoup dépensé, presque tout inventé, et le canal est américain. Mais cette ironique distribution des mérites et des récompenses dans la période de construction, ne croyez-vous pas qu'elle pourrait être entièrement changée, peut-être même renversée dans la période d'exploitation ?

L'univers entier profitera de cette œuvre mondiale ; d'autres peuples en tireront de grands services : les riverains d'abord, les Américains ensuite en pourront sembler les plus heureux bénéficiaires. Pourtant, personne plus que nous n'en devrait escompter les heureuses, les vivifiantes influences : représentez-vous ce que le canal de Panama va faire dans le commerce et dans la vie du monde, et voyez-en pour vous les résultats.

Les statisticiens ont déjà chiffré le nombre de milles marins et de journées de navigation que le canal épargnera aux marines de telles contrées et de tels ports. Ils savent le nombre de tonnes et de passagers qui, chaque année, devront emprunter cette voie. Ils ont posé les lois économiques, comme ils disent, qui présideront à ce phénomène nouveau. J'admire les statisticiens. J'use de leurs travaux sans discrétion. Je ne serai jamais rebelle aux lois économiques. Mais je vois bien qu'il suffit du moindre changement dans les usages ou les instruments de l'humanité pour mettre ces lois en défaut ; je vois surtout que la moindre invention de l'ingéniosité française, un tout petit aéroplane, une pincée de microbes, un petit coup de radium renversent ces très hautes et puissantes personnes.

Laissons donc le détail des innombrables conséquences, l'énoncé des formidables chiffres que l'on pourrait aligner sous ce nom de Panama. Mais voulez-vous que nous considérions ensemble, parmi les résultats les plus certains, parmi les résultats inévitables de cette affaire, ceux qui auront une répercussion immédiate et énergique, non pas sur la prospérité de tel ou tel de nos ports, de tel ou tel de nos commerces et de nos industries, mais sur l'ensemble de notre vie nationale, sur l'avenir proche et lointain, sur la sécurité, la durée même de notre France? Vous faire un pareil tableau, c'est vous dresser le bilan des devoirs qui demain s'imposeront à vous et sous le faix desquels vous marcherez allègres, si vous savez les prévoir, sous le faix desquels vous succomberez, si vous vous laissez surprendre par cette charge inattendue.

* *

La première, la plus certaine, la plus instantanée de ces conséquences sera de parfaire la route des détroits qui, cerclant le globe terrestre un peu au nord de l'Equateur, fera tourner les flottes de l'univers, en ruban continu, de Panama à Gibraltar, Suez, Aden, Singapour et Panama. En ce manège des coursiers océaniques, vont se disputer désormais les *matches* du commerce mondial. L'humanité connut jadis le commerce séparé de chacune de ses mers. Puis le commerce de la Méditerranée fut, pour nous autres blancs, tout le commerce. Puis l'Afrique ayant été tournée et l'Amérique découverte, l'Europe entreprit cette exploitation des Indes orientales et occidentales qui, durant quatre siècles, fit du commerce atlantique le grand commerce européen. Récemment, l'ouverture de Suez nous ouvrit un commerce pacifique dont nous attendions peut-être une floraison plus rapide. Voici venir le règne du commerce mondial : par la volonté française, aussi bien à Panama qu'à Suez, voici, de détroits en détroits, s'ouvrir la route de ce commerce.

Or, sur ce grand chemin des siècles nouveaux, nous voyons bien que notre Méditerranée redeviendra le reposoir central, le gîte d'étape et de réfection, le bassin d'entrepôt, de ravitaillement et d'hivernage. Et dans cette Méditerranée, plaque de fermeture et joyau de cette ceinture dorée, c'est l'un de vos ports qui, par vous et pour votre profit, si vous savez vouloir, par d'autres et pour votre ruine, si vous manquez de volonté ou d'énergie, c'est l'un de vos ports qui redeviendra le carrefour du trafic universel.

Il y a quelque deux mille six cents ans, — c'était, vous le savez, le début de notre histoire moderne, car depuis trois mille ans déjà des civilisations prospères et de grands empires avaient pris pied sur les rivages levantins de notre mer, — donc, il y a deux mille six cents ans, les civilisations levantines exploitaient les côtes de la Méditerranée, mais sans pénétrer encore les continents qui l'entourent : la mer seulement était le théâtre de leur commerce ; les seuls rivages portaient la broderie de leurs colonies et de leurs comptoirs. Pour la commodité de ce trafic purement maritime, — c'est bien celui que va nous rendre l'ouverture de Panama, — une capitale de marchands s'était fondée à l'endroit où se croisaient et se coupaient toutes les routes des navires, en ce détroit de la Sicile et de l'Afrique où les convois du Levant bifurquaient pour continuer, les uns vers le détroit du Couchant, vers les portes de l'Océan occidental ; les autres vers les îles ou les golfes du Nord-Ouest, tandis que les convois du Couchant s'y dispersaient en éventail vers le Nord et les profondeurs mystérieuses de notre Adriatique, vers l'Est et sa mer des Iles et les portes de cette autre mer secrète où les béliers portaient des toisons d'or, vers le Sud et les dangers de la Libye inhospitalière, vers le Sud-Est enfin, vers les bouches du Nil et les côtes de Syrie, vers les palais du Pharaon « où l'on dit que tout est en or » et vers les entrepôts de ces gens de Tyr qui, mieux que personne, savaient couper le cèdre et construire des vaisseaux... Et c'est pourquoi, reine de la Méditerranée occidentale, Carthage fut, durant quatre siècles, plus riche, plus célèbre, plus active — toutes proportions gardées — que ne le sont aujourd'hui les Liverpool et les Hambourg de vos concurrents.

C'est vous qui possédez Carthage aujourd'hui. Ni les bassins ni les quais de Didon ne sont accommodables à la taille de nos transatlantiques. Mais derrière le rocher de Brysa, la nature a préparé comme à votre intention cette rade de Tunis enclose d'immenses terrains plats, ce dock parfait, qui n'aura pas d'égal au monde le jour où vous l'aurez curé des boues qui l'emplissent. Travail facile, travail peu coûteux ; mais, sachez-le bien, travail indispensable non pas à votre richesse seulement, à votre sécurité. En cette étape médiane, juste à mi-chemin entre Suez et Gibraltar, les convois du Pacifique et de l'Atlantique auront besoin de trouver leurs aises. Êtes-vous résolus, êtes-vous préparés à refaire la Carthage du siècle prochain ? Si vous ne contentiez pas en ce point l'attente de l'humanité, prenez garde. Le monde aurait le droit de vous faire un grief des commodités que vous manqueriez d'offrir à son trafic.

Vous avez depuis trente ans accompli dans ce Nord de l'Afrique une œuvre admirable. Vous avez rendu à la culture des millions d'hectares, reconstitué et repeuplé des milliers de fermes romaines que le berger musulman avait dévastées. Par les phosphates d'abord, par les minerais ensuite, vous avez fait de la Tunisie l'un des fournisseurs de l'usine européenne. Au dernier banquet de la Chambre de Commerce britannique, un Anglais vous rendait ce témoignage que rien, dans les colonies des autres peuples, n'était supérieur ni même comparable à votre réussite tunisienne. Fort bien. Mais prenez garde. Tout cela ne vous profiterait pas longtemps, tout cela même ne vous serait bientôt compté de rien, si vous ne saviez pas rendre au monde nouveau les services qu'en ce point précis il requerra de vous.

Il est un mot que l'on répète volontiers Outre-Rhin et que vous devriez afficher dans toutes vos écoles. On dit là-bas qu'il est inadmissible que la France et son empire colonial restent le monopole de dix millions de fils uniques, quand, de par l'Europe, il y a tant de cadets et tant de benjamins qui n'ont pas leur place au soleil. Tunis va devenir l'une des places les mieux ensoleillées du monde. Si vous ne saviez pas en faire autre chose qu'un bassin de plaisance pour les yachts de vos fils uniques, vous verriez recommencer à vos dépens l'une de ces machinations qui sont l'ordinaire tissu de la vie internationale et qui mènent les Américains à Cuba, les Japonais en Corée : avec les mêmes arguments que vous avez formulés vous-mêmes pour vous réclamer de votre voisinage terrestre sur le Maroc, soyez sûrs que certains passants de la route océanique se coaliseront bientôt pour se réclamer de leur voisinage maritime sur votre Tunisie, et Tunis connaîtrait peut-être le sort de La Havane.

Ne vous faites, d'ailleurs, aucune illusion. Quand vous aurez curé et creusé ce bassin de Tunis — c'est, je vous le répète, le plus facile des travaux — quand vous l'aurez cerclé de cales et de quais, de grues et d'entrepôts, quand vous l'aurez muni de tout l'outillage, de tous les approvisionnements et de tous les organes de circulation qui sont indispensables à une relâche mondiale, ne croyez pas que vous garderez la jouissance tranquille de ce guichet privilégié, si vous n'êtes pas capables, si vous ne montrez pas à tous que vous êtes capables de le défendre. Aux côtés de cette Marseille africaine, il vous faudra un autre Toulon.

Vous avez l'heureuse fortune qu'ici encore la nature vous offre un site tout préparé. A deux pas de Tunis, Bizerte monte la garde. Êtes-vous décidés, êtes-vous préparés à faire de Bizerte un protecteur capable de défendre la Tunisie des temps nouveaux, de surveiller et de tenir libre pour tous les peuples de paix, pour tous les vaisseaux de bonne volonté, la route du commerce universel ? Depuis dix ans, vous avez beaucoup travaillé à Bizerte ; vous y faites en ce moment de louables efforts. Mais vous savez bien que sur Bizerte, flotte encore cette mélancolie de l'abandon et du sommeil que, durant des siècles, l'Islam fit peser sur tant de rades méditerranéennes. Votre Bizerte est encore aujourd'hui ce qu'était le Pirée il y a cent ans, ce qu'est toujours la Sude aux flancs de la Crète, Marmaris en face de Rhodes, Youmourtalik en face de Chypre. Vous avez fait sortir Lazare du tombeau. Mais il est encore tout engoncé de ses bandelettes, ses yeux sont clos, et son visage a la paleur de la mort. Quand ferez vous de Bizerte ce qu'il faut que Bizerte soit ?

*
* *

Panama aura une seconde conséquence, corollaire inséparable de la première. Le fret des marchandises encombrantes et la foule des passagers

peu fortunés empruntent la voie de mer la plus longue et ne prennent
qu'en dernière étape les coûteux chemins de fer : la mer est la route démocratique. Mais l'élite des marchandises légères et des voyageurs cossus évite
aussi longtemps qu'elle peut les retards et les malaises du bateau : le rail,
le wagon-poste et le *sleeping* ont ses préférences; elle s'y rencogne le plus
loin qu'elle peut; elle ne les abandonne qu'aux caps les plus extrêmes des
péninsules les plus allongées; elle ne risque de traversées que les plus
courtes et les plus hâtives.

A la route maritime des détroits, soyez certains que s'adjoindra tout
aussitôt une route terrestre des caps : le manège des coursiers océaniques
sera doublé d'un circuit de locomotives, qui empruntera dans sa longueur
maxima le plancher solide de l'Ancien et du Nouveau Monde. Les Américains, qui achèvent Panama, ont déjà construit leur part de ce circuit :
tout droit, du Pacifique à l'Atlantique, leurs rails transportent à New-York
ou Halifax les précieux colis, postaux et humains, que les flottes pacifiques
débarquent à San-Francisco et Vancouver. Il faudra que l'Ancien Monde
fasse bientôt sa part de l'œuvre commune : parallèlement à la traversée de
Gibraltar-Singapour, il faudra que se construise ou s'aménager une ligne
ferrée de l'Atlantique au Pacifique, — mais de quel rivage et de quel port
atlantiques, je vous le demande, à quel port et à quel rivage pacifiques,
sinon de votre Bretagne à l'Amour des Russes ou à la Corée des Japonais,
de Brest à Vladivostock ou à Fousan ?

Ici encore, la nature vous a préparé le plus commode, le plus vaste, le
mieux placé des embarcadères et débarcadères. En face de New-York, l'Ancien Monde pointe la jetée de votre Bretagne et, tout au bout, cette rade de
Brest aussi unique sur les côtes de l'Océan que Tunis et Bizerte sur les
côtes de la Méditerranée. On dit que l'entrée de Brest a des dangers insur-
montables; depuis le moyen âge, depuis l'âge de la pierre sans doute, on
s'en va racontant les horreurs de Sein et prêtant l'oreille aux gémissements
de la baie des Trépassés. Mais si la science, la richesse et l'ingéniosité françaises avaient dépensé au-devant de Brest le demi-quart des efforts et des
capitaux que, depuis trente ans, vous avez dispersés à travers le monde, de
Dakar à Hanoï et de Casablanca à Diégo-Suarez, ne croyez-vous pas que
ces contes de jadis auraient rejoint dans l'oubli qu'ils méritent les légendes
du Cyclope et du Hollandais volant ? Et ne croyez-vous pas que vos capitaux auraient trouvé en cette œuvre française un placement plus patrio-
tique, un placement plus sûr que dans le gouffre de ces entreprises étran-

gères où vous les avez jetés, où vous les jetez encore au petit bonheur, chez vos rivaux comme chez vos associés, chez vos ennemis comme chez vos amis.

Un jour, dans une partie de chasse, chez un prince français qui avait connu les douleurs de l'exil, des capitalistes et de gros industriels du voisinage croyaient faire leur cour en déplorant les malheurs du temps présent et en prédisant les cataclysmes de l'avenir, la confiscation prochaine de toute richesse ostensible et cachée : « Moi, dit l'un, j'ai tous mes capitaux à l'étranger. — Ah ! monsieur ! interrompit ce prince, qui n'admirait pas assurément toutes les beautés de notre république, mais qui pensait que les capitaux sont tenus au même patriotisme que les hommes. Ah ! monsieur, tous vos capitaux sont à l'étranger ; eh bien ! j'en sais quelque chose : ils doivent souvent y trouver le temps long ».

Prenons patience, Messieurs : les quais de Brest apparaîtront bientôt à nos pères de famille comme un meilleur placement que les quais du Bosphore ou du Fleuve Jaune. Mais prenons garde aussi : à Brest comme à Tunis, sachons bien que l'humanité ne nous ferait pas longtemps crédit. Si, rapidement, nous ne voulions ou ne savions pas nous prêter aux services que l'humanité attendra de nous ; si aux abords et dans la rade de Brest, nous négligions les travaux et l'outillage nécessaires à la sécurité et à la facilité du transit mondial ; si, devant Brest, nous ne lancions pas vers l'Amérique les lignes de paquebots les plus rapides, les plus confortables, les plus régulières ; si, derrière Brest, nos rails ne pouvaient pas porter les plus vastes, les plus ailés des *sleepings*, ne doutez pas que d'autres s'offriraient, s'imposeraient, s'installeraient chez nous pour faire cette besogne, et pour la faire sans nous, malgré nous, contre nous, à notre dommage, au détriment de notre indépendance financière et diplomatique, au profit de leurs ambitions nationales et de leurs commodités personnelles, sous l'ombre mortelle de leur hégémonie.

C'est alors qu'ils auraient l'occasion et le droit d'invoquer, contre l'inertie des fils uniques, l'accroissement ininterrompu de leur population, le surmenage de leurs terres infertiles, leur besoin de gagner le pain quotidien par l'exportation de leurs manufactures, de leurs commis-voyageurs, de leurs émigrants, et de leur obligation morale d'organiser les escales et les passages indispensables à leur commerce.

Pour prévoir ce que Brest deviendrait alors, regardez vers Rotterdam,... ou même regardez vers tel de vos ports de la Manche. Croyez-vous que la

situation présente de Cherbourg soit normale, digne de votre passé et
garante de votre avenir? Nous devons et nous voulons être le plus hospi-
talier, le plus accueillant des peuples : c'est une vieille tradition de notre
France, c'est l'un des principes de notre morale démocratique, et c'est la
meilleure de nos industries. Mais ne croyez-vous pas qu'il vaudrait mieux
que le commerce de Cherbourg ne vécût pas des seules relâches étrangères?

Tenez-vous donc prêts à répondre à la question que le monde vous
posera demain : « Quand ferez-vous de Brest ce qu'il faut au monde nouveau que Brest devienne ? »

Mesurez l'utilité nationale de l'entreprise. Ne croyez pas que Brest
seulement ou la proche Bretagne y soient intéressés. Tous nos ports de
l'Atlantique et de la Manche, toutes nos provinces de l'Ouest y doivent
recouvrer une énergie qui semble les avoir un peu abandonnés. Dans la
vie française d'aujourd'hui, cette Bretagne, cette Saintonge et cette Guyenne,
qui furent la tête de la nation, n'ont plus ni l'allègre activité de votre Nord,
ni l'énergie entreprenante de vos gens de l'Est, ni l'insouciant optimisme
de votre Midi. Pour elles toutes et pour chacune, le commerce transatlan-
tique doit être un renouveau. Toutes sentiront l'heureuse influence de cet
american stream. De Bayonne à Dunkerque, sa gerbe épanouie viendra
réchauffer tous vos rivages. Brest en aura la primeur ; la Bretagne en rece-
vra le premier choc. Mais Saint-Nazaire et Nantes, la Pallice et Bordeaux,
Le Havre et Rouen et Boulogne et Calais en auront les dernières, les
meilleures caresses. Ayant débarqué à la pointe de Bretagne leurs passagers
et leurs courriers pressés, c'est en d'autres ports, plus près des marchés
français et continentaux, que les grands transatlantiques iront vider leurs
cales. Cette houle de trafic et de richesse entrera dans vos estuaires, remon-
tera vos fleuves, portera jusque dans vos cités paysannes le flot de touristes
et d'argent que chaque année Paris voit envahir ses musées et ses bou-
levards. Et ce gain sonnant ne sera rien en comparaison de l'appétit de
vivre, de la volonté d'entreprendre et d'agir que ces gens du Nouveau Monde
inculqueront par leur seule présence à ces Français qui doutent parfois des
vertus de leur race et de la grandeur de leurs destinées.

Pour vous dire toute ma pensée, je crois que de tous les ports de
France, aucun ne devrait être mieux servi que vous par cet *american
stream*. Souvenez-vous de votre histoire récente et voyez ce qu'a fait pour
la France, au début du siècle passé, le courant de rénovation industrielle
et commerciale qui, parti d'Angleterre, aborda nos côtes de la Manche et

fit germer dans tout notre Nord les industries de la houille et de la vapeur. C'est à Calais, Boulogne, Dieppe et Le Havre que cet *english stream* venait en droite ligne. Est-ce Calais, Boulogne, Dieppe et Le Havre qui en ont seuls profité? Cet *english stream* n'est-il pas venu faire de votre ville l'une de nos plus grandes manufactures, l'élève, l'émule de Manchester? N'a-t-il apporté, acclimaté chez nous non seulement des inventions et des richesses, mais encore des familles qui, depuis un siècle bientôt, sont restés l'honneur de votre commerce et le levain de votre prospérité?

Il en sera de même avec l'*american stream*. Il viendra chez vous comme à la dernière relâche vers Paris, vers les marchés et les capitales du Continent. Il servira au triomphe d'une marine nouvelle que nous voyons déjà commencer. L'*english stream* vous a dotés de la marine à vapeur. Par le pétrole et l'électricité, l'*american stream* rendra peut-être inutiles ces mastodontes de la navigation présente dont le rendement économique ne couvre plus les énormes frais. Par le pétrole et l'électricité, l'*american stream* donnera aux ports fluviaux leur revanche sur les ports maritimes qui, depuis cent ans, les avaient un peu détrônés. Par l'*american stream*, si Brest devient l'embarcadère de Paris et de l'Ancien monde vers New-York, il ne dépendra que de vous que Rouen devienne l'un des entrepôts de New-York vers Paris et l'Ancien Monde.

*
* *

Je ne vous demande plus qu'un instant. Panama aura une troisième conséquence, la plus féconde, la plus favorable à l'avenir de notre race.

Vous voyez aujourd'hui ce que l'ouverture de Suez a fait de l'Afrique. En 1870 encore, quand Suez s'ouvrit, qu'était cet immense continent inconnu, dont les seuls rivages nous étaient accessibles, dont le pourtour seulement avait été jugé de bonne prise par quelques colonies européennes, dont l'hinterland, trois et quatre fois grand comme l'Europe, n'était que vide, mystère, obscurité? En 1911, à la veille de l'ouverture de Panama, qu'est l'Amérique du Sud, sinon une autre façade de rivages colonisés par votre famille de Portugal et d'Espagne, exploité par vos rivaux de Hambourg ou vos amis de Londres? Vous en connaissez les ports et les estuaires. Vous en fréquentez les capitales bordières et vous y déversez généreusement les emprunts que l'on daigne vous y demander. Mais derrière cette façade marine, que savons-nous, que savent les Sud-Américains eux-mêmes de ces immensités forestières ou herbues que, durant des milliers de lieues,

inondent les libres eaux de l'Orénoque, de l'Amazone et du Paraguay ? Il
n'existe pas encore une carte fidèle de ces Brésils et de ces Argentines, les
unes grandes comme six fois notre France, les autres aussi étendues que
l'Europe entière, et l'Argentine et le Brésil sont pourtant, le rivage chilien
excepté, ce que là-bas nous connaissons le mieux. Dans le reste de cette
Amérique, nous semons au juger des volcans et des Cordillères, des sava-
nes et des Eldorados, comme jadis nous semions en Afrique des Saharas,
des Kalaharis, des Monts de la Lune et des royaumes du prêtre Jean.

Or, à peine votre grand de Lesseps avait-il coupé l'isthme de Suez que
les Anglais éprouvaient l'impérieux besoin de prendre en Egypte et tout le
long du Nil leurs garanties pour ce qu'ils appellent la liberté des détroits
sur la route de l'Inde ; et tout aussitôt les autres nations européennes récla-
maient en Afrique une compensation de cet acquêt de l'Angleterre ; et
toutes se mettant à la besogne, vingt ans ne s'étaient pas écoulés que le
partage de l'Afrique était accompli. Hier, il y restait encore, un empire
chérifien et un morceau d'empire turc d'où l'Islam écartait jalousement
les curiosités et les emprises de l'infidèle. Mais voici que le dernier morceau
d'Afrique inviolée est pris par les Italiens, tandis que vous assumez la
direction et la responsabilité des volontés chérifiennes... Il n'a pas fallu un
demi-siècle après l'ouverture de Suez pour que, de Tripoli au Cap et de
Tanger à Zanzibar, tout le Continent noir devînt la proie des blancs.

Vous savez ce que déjà les Américains ont fait à Panama pour assurer
la liberté de leur canal et la route de leurs Philippines. Aux flancs de Panama, il est une Egypte qui s'appelle Colombie, un Nil qui s'appelle Rio
Magdalena, et ce fleuve et cette vallée fertile sont, eux aussi, le grand chemin Nord-Sud vers l'intérieur du continent vierge. Si j'étais colombien, je
méditerais l'histoire égyptienne. Non pas que l'on puisse soupçonner à qui
que ce soit des intentions mauvaises. Mais en ce xxe siècle les meilleurs
voisins sont amenés à formuler, puis à appliquer le « droit de voisinage »
sur les mitoyens qui ne savent pas user de leurs propriétés pour le bonheur commun... Si j'étais Colombien, je me hâterais d'ouvrir aux rails et
aux pionniers de la civilisation le fonds et le tréfonds de mon hinterland,
afin que personne n'eût un jour la velléité ni le droit de revendiquer le
monopole de cette appropriation désirable... Et si j'étais Sud-Américain,
je penserais qu'il ne faut pas attendre que les gens du dehors projettent et
exécutent le Cap-au-Caire américain qui, traversera tout le continent, de
Cartagène à Buenos-Ayres. Au lieu d'être un instrument d'exploitation

étrangère, ce Carthagène-Buenos-Ayres devrait servir de lien à toutes les indépendances locales, de conciliateur à toutes ces Latinités, contre les pressions de l'Europe, de l'Asie et d'ailleurs.

Quoi qu'il arrive, vous ne pensez pas que ces Latinités tolèrent long-temps chez elles ce que les Nigrities n'ont pas pu, n'ont pas même désiré empêcher en leur Afrique. Ces latins tirent de leur sang mêlé une trop grande robustesse de vie et de survie; ils tirent de leurs idiomes espagnols ou portugais et de leurs traditions catholiques une conscience trop nette, un orgueil trop agressif de leur race et, chaque jour l'afflux des émigrants espagnols, italiens et français renouvelle trop vivement en eux le souvenir de la parenté latine pour que jamais ils se plient aux commandements ou aux séductions de ceux que, nous autres Latins, nous avons toujours appe-lés les Barbares.

Il est probable que, loin de pencher vers l'esclavage et la décadence, ces Latinités vont recevoir de Panama comme une étincelle excitant leurs ambitions et leurs capacités; par le concours des émigrants, des capitaux et des ingénieurs de l'univers entier, il est probable que le xxᵉ siècle verra dans cette Amérique latine le renouvellement de la poussée merveilleuse que le xixᵉ siècle admira dans l'Amérique anglo-saxonne, et, peut-être, vers 1995, un écrivain enthousiaste expliquera à vos petits-enfants « à quoi tient la supériorité des Latins ». Il fut un temps, il fut plusieurs temps où cette supériorité latine était article de foi dans les deux hémisphères, et je pourrais vous lire telle préface d'un *Miroir de la Mer* où, présentant aux marins une traduction de *Portulans* espagnols, un auteur hollandais — c'était vers 1580 — constatait qu'il fallait demander au Portugal et à l'Espagne des leçons de savoir, de vouloir et de succès en toutes les bran-ches de l'activité humaine.

Nous verrons, nous ou nos fils, la résurrection de cette gloire latine. Demandez leur avis aux Anglais, aux Allemands eux-mêmes qui, visitent notre Afrique du Nord, constatent les résultats de la collaboration franco-espagnole et franco-italienne. Dans toute l'Amérique du Sud, Panama va installer cette collaboration franco-latine. C'est à vous que s'adressent déjà ces jeunes Latinités comme à des parents de bon conseil et d'âge mûr, à des cousins, un peu vieux peut-être, bougons parfois, mais expérimentés, désintéressés et parfois généreux. C'est à vous qu'elles s'adresseront chaque jour davantage pour acquérir ces qualités et ces habiletés latines, ce gai

savoir et ces talents auxquels on attache là-bas le même prix que chez nous,
et le goût des beaux gestes, des belles paroles, des belles choses, et l'habi-
tude des harangues et des raisonnements dans l'absolu. Ce n'est ni à Londres ni à Berlin que ces Latins chercheront leurs modèles et leurs maîtres :
c'est à Madrid et à Paris ou à mi-chemin, si vous le voulez, à Toulouse.

Vous n'avez qu'à leur faire signe, à vous offrir, à vous présenter chez
eux : ils se jetteront dans vos bras. Mais, entre eux et vous, tout intermé-
diaire inutile romprait le tête à tête, nuirait à vos épanchements de famille,
pourrait même vous interdire l'intimité. Vos cousins de là-bas n'ont pas
encore les marines qui les amèneraient à vos rivages : avez-vous les flottes
qui puissent suffire aux passages et aux retours de cette famille nombreuse,
prolifique, qui aimera ses aises et voudra voyager, comme se vêtir, à la dernière mode ? Vos constructeurs, vos armateurs, vos commissionnaires de
Saint-Nazaire, de la Pallice et de Bordeaux se sont-ils mis en quête des
désirs et des besoins de cette clientèle ? Ont-ils commencé d'acquérir les
bateaux et d'embaucher le personnel que nécessiteront ces fréquentes et
lointaines traversées ? Ont-ils les quais, les docks, les plateformes, les rails,
les machines, tout l'outillage indispensable à ces débarquements ?... Quand
ferez-vous de votre Loire et de votre Gironde ce qu'il faut qu'elles soient
pour la grandesse sud-américaine et la fierté du nom latin ?

Prévoyez, d'ailleurs, que ces interminables traversées ne contenteront
pas longtemps les heureux exploitants de ces Eldorados. A eux aussi, il
faudra quelque jour, et plus tôt que nous ne croyons, la voie de terre la
plus longue et la traversée la plus courte. En face de leur dernier cap, à
trois ou quatre journées de leur côte brésilienne, ils voient votre pavillon
flotter sur les rivages africains et, derrière vos escales de Konakry et de
Dakar, vos chemins de fer s'enfoncer dans cette Afrique française, vers ce
Niger qui mène à la française Tombouctou d'où, sans quitter la terre française, on devrait atteindre en quelques heures la française Algérie et le
rivage de la mer latine... Brésiliens, Argentins et Chiliens vous deman-
deront avant peu de leur éviter plusieurs semaines de bateau, de les prendre
à Konakry, de leur fournir les *sleepings* rapides vers Oran et vers Alger,
puis les vaisseaux rapides vers Carthagène, Naples et Marseille, où d'autres
sleepings les emporteront vers les capitales de nos latinités. Avez-vous
prévu leurs désirs ? Savez-vous quand et comment vous pourrez les satis-
faire ? Où en est votre Transsaharien ? Marseille et Alger, Conakry et Dakar
sont-ils de taille et de force à tenir, pour l'Amérique latine, le rôle que

Queenston et Milford, Liverpool et Plymouth ont assumé pour la commodité de l'Amérique anglo-saxonne ?

****

J'ai fini. Quand en 1901 le futur Georges V rentra de son tour du
monde, il ne trouva qu'un mot à dire aux magistrats de la Cité et aux
invités du lord-maire : « Anglais, réveillez-vous ! » Après le tour du globe
que nous venons de faire ensemble, n'ai-je pas le droit de vous dire aussi :
Debout, Français ! Vous avez sur les Océans trop de devoirs impérieux pour
rester inertes en votre richesse. Il ne s'agit pas de vous seulement, de vos
fils, de votre nation, de votre race. Il s'agit de l'humanité tout entière, à
qui vous ne sauriez faire banqueroute. Il est pour les peuples comme pour
les individus plusieurs façons de comprendre leurs devoirs envers le monde.
Mais il en est deux principales qui, depuis des siècles, se disputent le genre
humain. L'une — ce n'est pas la vôtre — proclame que le monde existe
pour servir à l'exploitation d'une race supérieure. L'autre est à vous par
droit d'héritage. Vous l'avez trouvée dans les legs de vos ancêtres latins.
C'est la noble façon de vivre que, voici deux mille ans bientôt, Lucain vous
formulait par la bouche de Caton :

Non sibi, sed toti genitum se credere mundo.

Vous savez bien que vous n'avez jamais vécu pour vous seulement.
Dans le monde d'hier, comme dans le monde d'aujourd'hui, vous avez
toujours voulu vivre pour le service du genre humain.

Non sibi, sed toti genitum se credere mundo !

Si dans le monde de demain vous voulez rester fidèles à cette morale,
songez dès aujourd'hui à votre devoir maritime. Songez à votre devoir maritime, si dans ce monde nouveau, non plus seulement par la religion et par
les armes, mais par tous les travaux du corps et de l'esprit, par toutes les
forces de la richesse et de la pensée, de l'art et de la science, de l'industrie
et du commerce, vous voulez renouveler et poursuivre la glorieuse Geste
de Dieu par les Francs. Et songez à votre devoir maritime si vous voulez
que, recouvrant l'enthousiasme et la joie de vos pères, vos fils reprennent
et réalisent les ambitieux espoirs de vos hymnes révolutionnaires, et celui-
ci, le plus beau, le plus grand de tous :

Les Français donneront au monde

Et la paix et la liberté.

Remercîments :

Mon cher conférencier, nous venons de vous écouter avec émotion ; vous nous avez beaucoup instruit. Je suis certain d'être l'interprète du très nombreux auditoire que vous avez tenu sous le charme captivant de votre parole si chaude et si enthousiaste, en vous disant merci, mille fois merci. Nous garderons de cette soirée un souvenir inoubliable.